AF145961

**Karl Nieder**

# Ludwig II – Märchenkönig

Begebenheiten und Geschichten

Impressum
ISBN: 9783738648270
Alle Rechte liegen beim Autor

*Umschlagillustration:*
Karl Nieder „Neuschwanstein", Öl, 2004

*Bildnachweis:*
Seiten 11, 13, 15, 17, 28, 44, 49, 59, 66, 70, 91:
Wikipedia rechtefreie/gemeinfreie Inhalte.
Alle anderen Abbildungen: Aquarelle und handkolorierte Scans des Autors
(Urheber unbekannt) aus eigenem Archiv.

Herstellung und Verlag: BoD – Books on Demand, Norderstedt 2015

Gewidmet meinen Freunden und Verehrern des
Bayernkönigs Ludwig II, die mir mit Rat und
Information zur Seite standen.

Mein Dank gilt meinem Sohn Oliver für die Unterstützung
bei Text- und Layoutfragen.

# Inhalt

# Herkunft und Kindheit

Ludwig II wurde am 25. August 1845 um 0.30 in Schloss Nymphenburg als ältester Sohn von Kronprinz Maximilian und Kronprinzessin Marie geboren. Er wurde auf den Namen Otto Friedrich Wilhelm Ludwig getauft. Rufname sollte jedoch auf Drängen Ludwig I , der ebenfalls am 25. August (1786) geboren war, der Name Ludwig sein. Ludwig I , dessen Taufpate wiederum Ludwig XVI war, wurde auch Taufpate des kleinen Ludwig. Dadurch wurde für Ludwig II eine Taufpatengeneologie hergestellt, die bei der späteren Frankreichverehrung Ludwig II eine Rolle spielen sollte.

Im Juli 1846 wurde Ludwig Sibylle Meilhaus übergeben, die bis zu seinem 7. Geburtstag seine Erzieherin blieb und zu der er eine innige Beziehung entwickelte, die lebenslang hielt. 1848 wurde Ludwigs Bruder Otto geboren.

Seine Beziehung zu den Eltern war hingegen von Distanz bestimmt. Vater Maximilian kam wenig mit den schwärmerischen Wesen seines Sohnes, das sich schon frühzeitig zeigte, zurecht. Er erlaubte Ludwig nicht, Kind zu sein, und alles Spielzeug wurde ihm frühzeitig entzogen. So hatte er z.B. einst eine Schildkröte, die ihm besonderes Vergnügen bereitete. Aber es dauerte nicht lange, so wurde ihm auch diese auf ausdrücklichen Befehl des Vaters weggenommen.

Auch die Mutter gab ihm nicht die notwendige Nähe. Die Umstände von Prinz Ottos Geburt hatten diesen ihrem Herzen am nächsten gestellt. Wenn Ludwig in seinen Kinderjahren mit ihr über seine Gedanken und Eindrücke zu sprechen versuchte, zeigte die recht unprosaische Mutter einen auffallenden Mangel an Verständnis für seine prosaische Natur.

So wurde Ludwig von den Repräsentationspflichten der Eltern weitgehend ferngehalten. Schon früh zeigte sich dagegen Ludwigs Liebe zur Literatur und Baukunst. Er spielte gerne mit Bausteinen und baute damit Kirchen, Klöster und dergleichen. Sein Großvater Ludwig I förderte ihn dabei und schenkte ihm 1852 einen Bausatz vom Siegestor. Überhaupt hatte Ludwig eine enge Verbindung mit seinem Großvater. Beide waren der Kunst eng verbunden. Bekanntlich ließ Ludwig I das Siegestor mit Ludwigstrasse, die Glyptothek, die Propyläen, die Feldherrnhalle, die Pinakotheken und die Walhalla erbauen. Vielleicht sah der junge Ludwig den Großvater sogar als eine Art Vorbild. Auch im späteren Alter hing Ludwig an seinem Großvater, wie folgende Anekdote zeigt:

Ludwig I, Fotografie von Franz Hanfstaengl, ca. 1860

Ludwig war mit einem Begleiter von Hohenschwangau nach Innsbruck geritten. Als leidenschaftlicher und ausdauernder Reiter hatte er den beschwerlichen Weg an einem Tag zurückgelegt. Er wollte, einer plötzlichen Eingebung folgend, hier seinen Großvater begrüßen, der nach Rom fuhr und hier Rast machen sollte. Er trat zum Fenster des Zugabteils und reichte die Hand zum Gruße hinauf. „Das ist aber nett von dir, Ludwig, Du bereitest mir eine große Freude, komm doch herein, wir haben einige Minuten Aufenthalt." Ludwig betrat das Abteil und begrüßte seinen Großvater noch mal herzlich. Beide plauderten angeregt und als die Weiterfahrt anstand, begleitete Ludwig I seinen Enkel bis zur Wagentür und winkte ihm nach, bis der Bahnsteig seinen Blicken entschwand.

Ihre Kindheit und Jugend verbrachten die beiden Prinzen auf Schloß Hohenschwangau in der Umgebung ihrer Erzieher. Dies war vor allem Generalmajor Graf Theodor Basselet de la Rosee, der Ludwigs späteren Hang zum Absolutismus prägte. Unterrichtet wurden die Prinzen wie Volks- und Gymnasialschüler, erhielten aber Privatunterricht. Im Schloß Hohenschwangau kam Ludwig bereits frühzeitig mit der Sagenwelt des Mittelalters in Berührung, die dort in zahlreichen Wandgemälden dargestellt ist.

Ludwig mit Bruder und Eltern, Fotografie, Urheber unbekannt

Nachdem sein Großvater König Ludwig I 1848 wegen der Affaire mit Lola Montez abgedankt hatte, wurde sein Vater Maximilian König und Ludwig Kronprinz.

König Maximilian II nahm seine Regierungsgeschäfte mit großem Eifer wahr. Von 1849 bis 1851 ließ er Schloß Berg am Starnbergersee gänzlich restaurieren und benutzte es häufig als Erholungsaufenthalt. 1850 erwarb er die Insel Wörth, vergrößerte sie durch Aufschüttungen und legte Rosenpflanzungen an, die durch Ludwig II später zu einem Rosenparadies erweitert wurden, sodaß Wörth zur Roseninsel wurde. Von seiner baukünstlerischen Tätigkeit ist die Anlage der Maximilianstrasse, der Bau des Maximilianeums und die Erneuerung des Residenztheaters hervorzuheben.

Maximilian II, Fotografie Franz Hanfstaengl ca. 1860

## Tod Maximilian II und Thronbesteigung Ludwigs

Ludwigs Vater, König Maximilian II starb nach kurzer Krankheit am 10. März 1864. Seine letzten Worte waren: „Gott wird es wohl recht machen mit mir. Ich habe stets nur das Beste gewollt."

Der Dekan der protestantischen Kirche sagte in seinem Gedächtnisgottesdienst: „ der König hat seinem Volk nur Gutes getan. Es sind uns unter seiner Regierung treffliche Gesetze geschenkt worden. Kunst und Wissenschaft haben im König einen Schirmherrn gefunden. Der König ist treu an seiner Kirche gehangen, aber er hat auch der evangelischen Kirche mit landesväterlicher Huld kräftigen Schutz geschenkt und sich unserer Kirche zu innigsten Dank verpflichtet".

Ludwig wurde am selben Tag im Alter von 18 Jahren als Ludwig II zum König von Bayern proklamiert. Am 11. März leistete er im Sitzungssaal der Staatsratszimmer seinen Eid auf die bayerische Verfassung. Bei den Trauerfeierlichkeiten für Maximilian am 14. März sah man den neuen König erstmals in der Öffentlichkeit. Mit seinen 1,93 m war Ludwig für die damalige Zeit außerordentlich groß gewachsen.

König Ludwig II, Fotografie, Urheber unbekannt

# Richard Wagner

Von Anfang an engagierte sich der junge König für die Förderung der Kultur. Insbesondere unterstützte er den Komponisten Wagner, den er nun erstmals persönlich getroffen hatte.

Es war am Abend des 3. Mai 1864 gewesen, als Richard Wagner, aus der Schweiz zurückgekehrt, in Stuttgart den Besuch des Kabinettsekretärs von Ludwig II erhielt, der ihm ein Billet des Königs mit seinem Portrait und einen Ring überbrachte und zugleich den Wunsch des Königs aussprach, dass er ihn nach München begleiten sollte.

In überströmender Freude schrieb Wagner noch in der Nacht an Ludwig.

Am 5. Mai stand Wagner vor dem König und bedankte sich tiefgebeugt. Der König zog ihn empor und versicherte ihm seine Gunst und seine Hilfe. Wagner schrieb voller Begeisterung an Eliza Wille:

„Heute wurde ich zu ihm geführt. Er weiß alles von mir und kennt meine Seele. Er will, dass ich immer bei ihm bleibe, arbeite, ausruhe, meine Werke aufführe, wie ich will. Alle Not soll von mir genommen sein, ich soll haben, was ich brauche – nur bei ihm soll ich bleiben."

Wagners Gläubiger, die ihn bis jetzt unerbittlich verfolgt hatten, wurden befriedigt und der Meister bezog das für ihn gemietete Pelletsche Landhaus am Starnberger See.

Er hatte sich dafür verpflichten müssen, seine Werke selbst zu dirigieren. Höchst befriedigt schrieb er im April 1865 an eine Freundin:

„Für jetzt kann ich Dir sagen, dass der König mich unglaublich lieb hat. Ihn zu leiten und seinen strebenden Geist zu formen, ist jedoch keine leichte Aufgabe. Doch ist es eine Pflicht.Er ist ein so schöner Jüngling, dass er den Christus darstellen könnte."

Im Juni 1865 fand die erste Aufführung des Tristan statt. Über diese Erstaufführung berichtete ein Augenzeuge:

„Der zwanzigjährige König erschien allein in der großen Königsloge gegenüber der Buhne. In diesem Augenblick erstrahlte er in einer geradezu überirdischen Schönheit. Seine feinen jugendlichen Züge, seine herrliche Stirn von braunen Locken umwallt, der sanfte Glanz seiner großen dunkelblauen Augen – all dies war eine Erscheinung, wie aus einem Märchen."

Ein anderer Bericht beschreibt ebenfalls die Erscheinung des Königs an diesem Abend:

„Groß und schlank, wie eine Tanne, dem blitzenden Auge, dem dunkel gelockten Haar des Südländers und dem hohen Wuchs des Germanen trug sein Antlitz die ganze Reinheit der unberührten Jünglingsnatur. Sein Kopf hatte Ähnlichkeit mit jenen großartigen antiken Bildwerken der Hellenen. Der schwärmerische Glanz seiner herrlichen dunkelblauen Augen zeugte von hoher geistiger Begabung und Schwung der Phantasie. Kein Mensch, ob jung oder alt, konnte von dem Zauber unberührt bleiben, der von seinem Wesen ausging. Die Haltung des Königs während der fünf Stunden Tristan – Aufführung war eine Merkwürdigkeit an sich. Er bebte vor Erregung und war besonders im dritten Akt bis zu Tränen gerührt."

Man muss dem jungen König die Gerechtigkeit zugestehen, dass ohne ihn die Aufführung niemals möglich gewesen wäre. Er hat mit seiner ganzen Energie für sie gearbeitet und Wagners Triumph war in Wahrheit der seinige. Nach der Aufführung schrieb der junge König an Wagner:

„Erhabener, göttlicher Freund! Kaum kann ich den morgigen Tag erwarten, so sehne ich mich schon jetzt nach der zweiten Vorstellung. Nicht wahr, mein teurer Freund, der Mut zu neuem Schaffen wird Sie niemals verlassen. Im Namen jener bitte ich Sie, nicht zu verzagen, jener, die Sie mit Wonne erfüllen, die sonst nur Gott verleiht! Sie und Gott! Bis in den Tod verbleibe ich

Ihr treuer Ludwig"

Mit den Freunden und Anhängern Wagnerscher Tonkunst mehrten sich auch seine Feinde. So schrieb der bayerische Kurier unter anderem:

„ Dieser bezahlte Musikmacher, dieser Barrikadenmann, der einst den Königspalast in Dresden in die Luft sprengen wollte, beabsichtigt, unseren König zu isolieren und für seine landesverräterische Ideen auszubeuten."

Aber Wagner ließ sich trotz aller Anfeindungen nicht entmutigen. Mit allen Kräften strebte er danach, die Aufführung des Rings der Nibelungen zu ermöglichen. Er arbeitete noch daran im Sommer 1865 in Walchensee, als ihn ein Brief Ludwigs an seine Gegnerschaft erinnerte:

„Mehr und mehr muss ich einsehen lernen, dass unsere Absichten, unser Wirken zur Förderung der Kunst von nur wenig Auserwählten verstanden werden."

Zwischen 1864 und 1865 hatte der König dem verschuldeten Wagner 170.000 Gulden zukommen lassen. Die Feinde Wagners wuchsen. Die Königin – Mutter, die ihren Einfluß auf den Sohn immer mehr schwinden sah, die Prinzen des königlichen Hauses, der größte Teil des Adels und der Beamtenschaft machten Front gegen Wagner. Auch der Klerus, der Wagner als Freigeist kannte, stand ihm wegen seines, nach ihrer Auffassung, für den König verderblichen Umgangs als Feind gegenüber.

Und als Wagner sein Heim in dem ihm vom König geschenkten Haus an der Biennerstrasse aufgeschlagen hatte, loderte ihm der Haß entgegen. Die Pläne, für die Wagner den König zu gewinnen suchte, unter anderem die Neugestaltung der Musikschule und der Bau eines Bühnenfestspielhauses auf der Gasteighöhe, fanden starken Widerspruch. So schrieb der Volksbote:

„Wohlunterrichtete wollen wissen, dass Wagner im Laufe von kaum einem Jahre der Kabinettskasse nicht weniger als eine Million und neunhunderttausend Gulden gekostet hat. Wir können nicht dafür einstehen, dass die Zahl richtig ist, aber wir können es als sicher bezeichnen, dass Wagner vor einigen Wochen aufs neue vierzigtausend Gulden verlangt hat, um seine kostbaren Gewohnheiten zu befriedigen."

Im Dezember 1865 mußte sich Ludwig dem Widerstand der Staatsregierung, der Münchner Bürger und seiner eigenen Familie beugen und den unbeliebten Wagner auffordern, Bayern zu verlassen.

Der König hätte vielleicht weiter zu Wagner gehalten, wenn ihm nicht unzweifelhaft echte Beweise über ein Verhältnis Wagners zu Frau Cosima von Bülow zugetragen worden wären. Er fühlte sich dadurch bei seiner schwärmerischen Natur in seiner Liebe zum Meister tief gekränkt und eine eifersüchtige Natur, wie er war, hat er die Abreise Wagners verfügt.

Die enge Freundschaft blieb aber bestehen, obwohl Ludwig von Wagners Antisemitismus nichts hielt. Eigenhändig schrieb er noch an den Meister:

„Mein teurer Freund!

Wie leid es mir auch tut, so muß ich Sie doch bitten, den Wunsch zu erfüllen, den ich Ihnen gestern durch meinen Sekretär aussprechen ließ. Glauben Sie mir, ich musste so handeln! Meine Liebe zu Ihnen dauert ewig. Auch bitte ich Sie, bewahren Sie mir immer Ihre Freundschaft. Ich weiß, dass Sie mit mir fühlen, dass Sie meinen tiefen Schmerz vollkommen ermessen können. Ich konnte nicht anders handeln, dessen seien Sie überzeugt! Zweifeln Sie niemals an der Treue ihres besten Freundes. Es ist ja nicht für immer. Bis zum Tode

Ihr treuer Ludwig"

An einem bitterkalten Dezembermorgen verließ Richard Wagner München mit Groll und Erbitterung im Herzen. Er war in die Schweiz gegangen, ohne die Hoffnung zu verlieren, dass ihn der König bald zurückrufen würde.

Aber diese Hoffnung war trügerisch. Der Adjutant des Königs, Fürst Thurn und Taxis, der ihn besuchte, erzählte ihm, dass derzeit keine Aussicht bestehe, dass er nach München zurückkehren könnte. Daraufhin gab Wagner die Villa an der Briennerstrasse an den König zurück und übersandte ihm gleichzeitig die Partitur zur Walküre.

Konnte Wagner auf einen dauernden Aufenthalt in München nicht mehr rechnen, so kam er doch öfters hierher, wo sein erster Besuch stets Ludwig galt. Der König lud ihn ein, in einer für ihn gemieteten Villa in Starnberg für einige Wochen weiter an den Meistersingern zu arbeiten.

Im Oktober 1867 vollendete Wagner allerdings in Luzern die Meistersinger und am 21. Juni 1868 fand die Uraufführung in München statt.

Das Hoftheater war an diesem Tage vollständig ausverkauft. Mit dem Erscheinen des Königs begann die Oper unter der Leitung Hans von Bülows. Schon der erste Akt fand beifällige Aufnahme und Wagner wurde vergeblich gerufen. Beim König gemeldet war er in die Hofloge befohlen worden. Von Szene zu Szene wuchs der Beifall und als der Vorhang fiel, erreichte die Begeisterung des Publikums ihren Höhepunkt. Stürmisch wurde nach dem Komponisten gerufen und der König selbst führte den Meister an die Brüstung der Königsloge. Wagner stand auf dem Gipfel seines Ruhmes. Neun Aufführungen erlebten noch die Meistersinger bei unverändert günstiger Aufnahme. Dies bedeutete einen Markstein in der Geschichte des Nationaltheaters. Am 22. September 1869 fand die Uraufführung von Rheingold und am 26. Juni 1870 die Uraufführung der Walküre statt. Am 25. August des gleichen Jahres schloss Wagner seine zweite Ehe mit Cosima Liszt.

Mit seinen Bühnenerfolgen war in ihm auch der Plan zur Erbauung eines Festspielhauses wieder aufgetaucht. Bayreuth schien ihm in seiner Abgeschiedenheit vom Lärm der Industrie, der geeignete Ort. Schon am 22. Mai 1872 erfolgte die Grundsteinlegung. Der König, der einen Zuschuss von 25.000 Talern gestiftet hatte, schrieb am selben Tag an Richard Wagner:

„Aus tiefstem Grunde der Seele spreche ich Ihnen, mein teuerster Freund, an dem für ganz Deutschland bedeutungsvollen Tage, meinen wärmsten und aufrichtigsten Glückwunsch aus. Heil und Segen dem großen Unternehmen! Ich bin heute mehr denn je im Geiste mit Ihnen vereint."

Am 13. August wurde das Festspielhaus den aus der ganzen Welt herbeigeströmten Besuchern übergeben. Der König wich dem Gewühl aus und fuhr nach Hohenschwangau zurück. Erst am 27. August erschien er zu den Schlussvorstellungen, jubelnd begrüßt von der Menge und Wagner trat hinter dem Vorhang hervor und sprach mit bewegter Stimme:

„Die Bühnenfestspiele sind zum Ruhme meines erhabenen Wohltäters, seiner Majestät des Königs von Bayern, der mir nicht allein ein Gönner, sondern auch ein Mitschöpfer des Werkes war, entworfen worden."

Aber das vollendete Werk konnte sich lange nicht selber tragen. Neue Finanznöte bedrängten Wagner. Unerhörte Erfolge, aber übermäßige Kosten, das war das Facit der Bayreuther Tage.

Ludwigs Schwärmerei für den Meister hatte sich allmählich abgekühlt, aber seine Tonschöpfungen blieben in seiner Seele eingeprägt. Seit 1872 ließ er sich ohne Publikum vollständige Wagner – Opern vorführen.

Richard Wagner, Fotografie von Franz Hanfstaengl 1871

# Krieg gegen Preussen

Ludwig wollte in dem sich anbahnenden Krieg zwischen Preussen und Österreich neutral bleiben und sein Land aus dem Kriegsgeschehen heraushalten. Österreich pochte aber auf die Einhaltung der im Deutschen Bund vereinbarten Bündnispflicht. Ludwig lavierte zunächst zwischen Neutralitätswunsch und Bündnispflicht.

Am 11. Mai 1866 unterschrieb er aber den Mobilmachungsbefehl, womit Bayern als Mitglied des Deutschen Bundes auf Seiten Österreichs in den Deutschen Krieg zwischen Österreich und Preussen eintrat.

Der wenig militärisch gesinnte Ludwig überließ die Kriegspolitik seinen Ministern und fuhr in die Schweiz, um Richard Wagner zu treffen.

Im Friedensvertrag verpflichtete sich Bayern, eine Kriegsentschädigung von 30 Millionen Gulden an Preussen zu zahlen. Eine vergleichsweise geringe Summe, wenn man berücksichtigt, dass etwa die Stadt Frankfurt eine ähnlich hohe Summe aufbringen musste.

In Bayern machte man für die Niederlage vor allem die Minister und die Kriegsführung verantwortlich. Aber die bayerische Armee befand sich zu Kriegsbeginn in einem desolaten Zustand. Ausrüstung und Organisation waren seit Jahrzehnten vernachlässigt worden.

Dies lag aber auch an der Einstellung seines Monarchen, der sich für Militär und Kriege überhaupt nicht interessierte.

Im Rahmen des Schutz- und Trutzbündnisses musste Bayern nun, wie die anderen süddeutschen Staaten, seine Armee im Bündnisfall dem preussischen Oberbefehl unterstellen. Dies schränkte Bayerns politischen Spielraum schmerzlich ein.

Als in der Auswirkung der Niederlage die konservative, anti – preussische Patriotenpartei die absolute Mehrheit in der Abgeordnetenkammer errang, berief Ludwig nationalliberale und pro – preussische Minister. Damit konterkarierte er seine eigene Haltung, die derjenigen der bayerischen Patrioten viel näher stand.

# Verlobung mit Sophie in Bayern

Ludwig verlobte sich aus einem spontanen Entschluss heraus am 22. Januar 1867 mit der ein Jahr jüngeren Sophie in Bayern. Sophie war die jüngere Schwester der Kaiserin Elisabeth von Österreich (Sissi), einer Tochter des Herzogs Max in Bayern. Sophies Mutter Ludovika war wiederum eine Halbschwester von Ludwig I., dem Großvater Ludwigs. Sophie und Ludwig kannten sich seit ihrer Kinder- und Jugendzeit und hatten sich am 21. Januar 1867 bei einem Hofball wieder gesehen. Die allseits beliebte Sophie war von Ludwig hingerissen.

Sie fühlte, dass dieser Abend einen Wendepunkt in ihrem Leben bedeuten würde. Sie war mehr denn je von Ludwigs Wesen eingenommen. Sie glaubte, dass seine dunklen seelenvollen Augen mit mehr als nur Bewunderung auf ihr geruht hatten. Nur zögernd hatte sich seine Hand nach dem Tanz von der ihrigen getrennt.

Nach Bekanntwerden der Verlobung befand sich Münchens Bevölkerung im Taumel der Freude. Überall standen Gruppen beisammen, die sich noch einmal mitteilten, was die Zeitungen schon verkündet hatten. Ihr Ludwig, ihr junger König hatte sich verlobt und was sie doppelt freute, mit der bildschönen Sophie in Bayern. Da war kein politischer Hintergrund, der so oft Fürstenhäuser

Ludwig und seine Braut Sophie

bindet, hier hatte eine echte Herzensneigung zwei wie für einander geschaffene Menschen zusammengeführt.

Jubelnd zogen die Münchner Bürger durch die Straßen, deren Häuser bald in reichem Fahnenschmuck miteinander wetteiferten. In allen Auslagen prangten Bilder der Verlobten und gaben Anlaß zu regen Meinungsaustausch über das schöne Brautpaar.

Vergessen war die den Altmünchnern unerwünschte Vorliebe des Königs für Richard Wagner und der Ausgang des Krieges von 1866. Alle Gaststätten waren überfüllt, fleißig kreisten die Krüge und manches Hoch auf das allen willkommene Brautpaar wurde ausgebracht.

Die Hochzeitsvorbereitungen wurden am Hof mit großem Eifer vorangetrieben. Papst Pius IX erteilte den Heiratsdispens, der wegen der nahen Verwandtschaft der Ehekandidaten erforderlich war. Bereits am 14. März 1867 wurde dem König das Hochteitszeremoniell vorgelegt. Jedoch schob Ludwig den Termin immer weiter hinaus, vom 25. August auf den 12. Oktober, schließlich auf den 12. November. Der König ging immer mehr auf Distanz, obwohl bereits Bilder kursierten, auf welchen Sophie als Königin tituliert wurde und die teuere Hochzeitskutsche bereits fertig war.

Ludwig sprach seine Verlobte stets mit Elsa an. Bezeichnenderweise fühlte er sich jedoch nicht als liebender Lohengrin, denn seine Briefe an die Braut Elsa unterschrieb er mit Heinrich. Ein Zeichen dafür, dass es sich hier um eine Liebe nach des Königs Art handelte: schwärmerisch, weltentrückt. Ohne die von Ludwig gehasste Sinnlichkeit.

Ein Treffen zwischen Sophie und Ludwig unterstreicht diese Entfremdung:

„Ludwig, erinnerst Du dich noch an unsere Fahrt nach Ammerland, wo Du ein Stück Wald roden lassen wolltest, um dort ein Liliensanktuarium zu errichten? Übrigens wieder eine Idee, die Dir ähnlich sieht." Der König lächelte mechanisch, seine Gedanken schienen in diesem Augenblick bei ganz anderen Dingen zu sein.

Sophie ergriff eine Hand und zog ihren Verlobten näher zu sich heran, sah ihm zärtlich in die Augen und sagte dann schmollend: „Ludwig, Du hörst mir wieder einmal nur mit halbem Ohr zu. Was hast Du ? Ich gehe!"

Der König fuhr zusammen. Dann zog er galant ihre Hand an seine Lippen. „Verzeih, Sophie – ja, ja, Du sprachst –„

„Von Deinem Liliensanktuarium, du Gedankenloser. Ich bitte mir nun aber aus, dass Du mir zuhörst – sonst hättest Du gleich in Berg bleiben können, um dort zu träumen!"

Der König zuckte zusammen, eine Falte des Unmuts entstand auf seiner hohen Stirn, um gleich wieder zu verschwinden. Sophie hatte es nicht gesehen.

„Gedeihen die Lilien? Du sandtest mir ja mehr als genug in dieser Woche. Ich bin ja die reine Lilienbraut geworden. Ich weiß gar nicht mehr wohin mit dem Zeug."

„Sophie, wie banal hört sich das aus Deinem Munde an. Du weißt doch, dass die Lilien meine Lieblingsblumen sind, gibt es etwas Schöneres, Keuscheres als ihre weißen, hohen Kelche? Und deshalb sandte ich sie Dir, als Zeichen meiner Verehrung."

„Verehrung, verzeihe wie das wieder klingt! Sind wir nicht Liebesleute. Ein Strauß roter Rosen hätte mich, - ich gestehe es Dir offen – glücklicher gemacht, als diese Lilien, das Symbol des Bourbonentums, das uns Deutschen eigentlich fern liegt. Aber Du schwärmst ja wohl dafür. Das ist mir gar nicht recht, das gefällt mir nicht von Dir."

Der König erwiderte nichts. Er biss sich, wie um eine heftige Entgegnung zu unterdrücken, auf die Lippen und seine Augen verschleierten sich einen Moment.

Sophie spürte instinktiv, dass ihr Verlobter verstimmt war. Sie gab sich aber den Anschein, als ob sie es nicht bemerkt hätte. Er sollte allmählich begreifen, dass sie nicht damit zufrieden war, wenn er sie wie ein höheres Wesen betrachtete. Sie wollte nicht länger Bild seiner Traumwelt sein, sondern als voll und ganz liebendes Weib genommen werden. So ging das nicht weiter. Sie hatte sich vorgenommen, ihn nunmehr in ihre Bahnen zu lenken. Sie wollte keinen Träumer zum Gemahl.

Und der König fühlte sich aus allen seinen Himmeln gestürzt. Hatte er sich in ihr geirrt, würde sie ihm folgen können, auf dem Weg, den er sich erträumte? Er fühlte, wie seine Verlobte sich fester an ihn schmiegte. Sie war berückend schön, als sie ihn jetzt mit ihren großen, voll aufgeschlagenen Augen ansah, ihr kleiner rosiger Mund, halbgeöffnet, ihm verführerisch entgegenschimmerte. „Sophie – er löste sich sanft aus ihren Armen – Sophie, bitte, so sah ich Dich nie!" Da erlosch der strahlende Glanz in den Augen der Herzogin, ihre Lippen zitterten und ein bitterer Zug der Enttäuschung umfloss ihre Mundwinkel.

Die Entfremdung war perfekt und am 7. Oktober 1867 löste Ludwig die Verlobung.

Über diese Entscheidung waren nicht nur die Eltern von Sophie, sondern auch die ganze Verwandtschaft und der Hochadel konsterniert. Die Herzogin hatte nicht lange um Ludwig getrauert. Noch im gleichen Jahr heiratete sie den Herzog von Alencon.

Aufgrund von Äusserungen in Briefen – etwa gegenüber seinem Adjutanten Paul von Thurn und Taxis – ist anzunehmen, dass Ludwigs Interesse am anderen Geschlecht gering ausgeprägt war. Es gab auch Hinweise auf homosexuelle Neigungen des Königs, vielleicht ein Zeugnis für die Gewissensqualen, unter denen er häufig gelitten hat.

# Krieg Frankreich gegen Preussen

Man schrieb das Jahr 1870. Der politische Horizont hatte sich verdunkelt. Kriegsgerüchte zwischen Frankreich und Preussen gingen um. Man befürchtete Schlimmes, aber man hoffte immer noch, dass es sich nicht bewahrheitete. Der König, der schon länger die Hauptstadt gemieden hatte, weilte in Hohenschwangau. Sehnlichst wünschte er eine friedliche Lösung und immer wieder kam er auf den Satz zurück: „Ist denn kein Mittel, keine Möglichkeit vorhanden, den Krieg zu vermeiden?"

Die Beziehungen zwischen Frankreich und Preussen hatten sich vor allem wegen der spanischen Kronfrage weiter verschlechtert und die von Bismarck gekürzte/gefälschte Emser Depesche brachte das Fass zum Überlaufen.

Am 16. Juli 1870 bewilligte das französische Kabinett Finanzmittel für einen Krieg.

Die bei Bismarck anwesenden Generäle Roon und Moltke jubelten. Vor der Freigabe der Depesche hatte sich Bismarck noch bei Moltke nach dem Stand der Rüstung erkundigt, worauf Moltke einen schnellen Ausbruch des Krieges im Ganzen für vorteilhafter als eine Verschleppung hielt. Preussen war wohl gut gerüstet.

Am 19. Juli 1870 teilte der französische Außenminister dem preussischen Botschafter in Paris mit, dass Frankreich sich im Kriegszustand betrachte. Damit war der Krieg gegen Preussen erklärt.

Aus politischen Zwängen heraus beteiligte sich Bayern mit seiner Armee an diesem Krieg gegen Frankreich. Schon einen Tag nach der Kriegserklärung hatte Ludwig die Generalmobilmachung im Königreich angeordnet. Dies ermöglichte einen überraschend schnellen Vorstoß bayerischer Truppen vom pfälzischen Landau aus und führte dazu, dass die Kriegsentscheidung relativ früh bei Sedan fallen konnte.

# Der Kaiserbrief

Die deutschen Armeen hatten Frankreich besiegt Man bereitete den Aufbau eines neuen deutschen Staatsgebäudes vor: ein Kaiserreich sollte errichtet werden.

Zunächst machte König Ludwig eifrige Anstrengungen, die Unabhängigkeit Bayerns zu wahren. Die Entscheidung für die deutsche Einigung, zu das der Bayernkönig den Auftakt geben sollte, wurde zunächst durch Ludwig verzögert, was den preussischen Kronprinzen verärgerte. Bismarck aber konnte ihn beschwichtigen:

„Wenn die bayerischen Truppen voller Aufopferung mit Preussen gekämpft haben, darf Preussen Bayern keinen Zwang auferlegen."

Zunächst sah es Ludwig als persönliche Zumutung an, dass er auf Betreiben Bismarcks hin, als ranghöchster deutscher Fürst, Wilhelm I von Preussen die Kaiserkrone antragen sollte. Den Vorschlag Ludwigs, die Krone zwischen Berlin und München wandern zu lassen, lehnte Bismarck ab. Ludwig akzeptierte zögerlich die Kaisererhebung des preussischen Königs. Bismarck sicherte ihm im Gegenzug geheime Geldzahlungen zu,

Der junge König

die aus dem Welfenfonds diskret über Schweizer Banken geleitet wurden.

Mit eigener Hand schrieb er den Brief nieder, der Deutschland zum Kaiserreich erhob. Er wurde am 3. Dezember im Hauptquartier zu Versailles durch Prinz Luitpold dem König von Preussen überreicht und lautete unter anderem:

„Nach dem Beitritt Süddeutschlands zu dem norddeutschen Verfassungsbündnis werden die Euer Majestät übertragenen Präsidialrechte über alle deutschen Staaten sich erstrecken... Ich habe mich daher an die deutschen Fürsten gewandt, mit dem Vorschlage, gemeinschaftlich mit mir bei Euer Majestät in Anregung zu bringen, dass die Ausübung der Präsidialrechte des Bundes mit Führung des Titels eines deutschen Kaisers verbunden werde."

Bismarcks begeisterte Worte gelegentlich eines Diners in Versailles lauteten:

„Ich trinke auf das Wohl seiner Majestät, des Königs von Bayern, auf das Blühen und Gedeihen seiner tausendjährigen Dynastie. Ich kann nur wiederholen, dass nie ein Schritt geschehen soll, der Bayern in seiner berechtigten Stellung verletzt."

Dem armen Ludwig wurde aber immer mehr klar, dass Bayern seine Selbständigkeit verloren hatte, wozu er durch den Kaiserbrief auch selbst beigetragen hatte. In der Folge zog sich Ludwig immer mehr in seine Traumwelten zurück, welche ihn bestärkten, den Bau der 1869 begonnenen Schlösser Neuschwanstein und Schachen fortzuführen und neue Schlösser in Angriff zu nehmen.

Otto von Bismarck, Gemälde Franz von Lenbach

# Neuschwanstein

Schon 1867 war der Plan gereift. Angeregt zu dem Bau von Neuschwanstein wurde Ludwig durch zwei Reisen. Im Mai 1867 besuchte er die wieder aufgebaute Wartburg. Im Juli desselben Jahres besuchte er in Frankreich Schloss Pierrefonds, das damals für Kaiser Napoleon III von einer Burgruine zu einem historischen Schloss umgestaltet wurde. Im Verständnis des Königs entsprachen beide Bauten einer romantischen Darstellung des Mittelalters, ebenso wie die musikalischen Sagenwelten Richard Wagners. Am 15. Mai 1868 teilte er dem befreundeten Komponisten in einem Brief mit :

„Ich habe die Absicht, die alte Burgruine Hohenschwangau bei der Pöllatschlucht neu aufbauen zu lassen, im echten Stil der alten deutschen Ritterburgen."

Ja, hoch und hehr sollte sie sich auf kühnem Fels erheben und von ihrem Erker wollte er hinabschauen auf die Burg seiner Väter, auf die Stätte seiner Jugend, auf die Seen zu seinen Füssen und weit hinaus in sein geliebtes Bayernland. Und seine Mauern sollten einen prächtigen Saal umschließen, noch viel prächtiger als der der Wartburg.

Schloss Neuschwanstein

Lange sinnierte der König, um dann an den großen Schreibtisch zu treten, der mit Plänen und Zeichnungen bedeckt war. Er entfaltete ein gerade übergebenes Schreiben, worin ihm der Oberbergdirektor vom Gümbel mitteilte, dass seinem Wunsche, unweit der Pöllatschlucht ein Schloss zu erbauen, kein Hinderniss entgegenstehe und Grund und Boden sowie Beschaffenheit des Felsens einen Burgbau zuließen.

Sofort setzte Ludwig alle Hebel in Bewegung. Die Entwürfe für das neue Schloss sollte der Münchner Theatermaler Christian Jank nach seinen Wünschen anfertigen. Umsetzen sollte sie dann der Architekt Eduard Riedel. Erste Pläne für das Schloss, die sich stilistisch an der Nürnberger Burg orientierten, wurden wieder verworfen und gegen zunehmend umfangreichere Entwürfe ersetzt, die zu einem größeren Schloss nach dem Vorbild der Wartburg führten.

Der König bestand auf einer detaillierten Planung und ließ sich jeden Entwurf zur Genehmigung vorlegen. Sein Einfluss auf die Entwürfe reichte so weit, dass das Schloss vor allem als seine eigene Schöpfung gelten kann.

Mit dem Bau Neuschwansteins wurde 1869 begonnen. Die Wünsche und Ansprüche des Königs wuchsen ebenso wie die Ausgaben und die Entwürfe und Kostenvoranschläge mussten mehrfach überarbeitet werden.

Die ursprünglich schon für 1872 vorgesehene Fertigstellung verzögerte sich wiederholt. Auch Finanzierungsprobleme mussten gelöst werden. Hierzu dienten nicht zuletzt die Zuwendungen aus dem Welfenfonds, die Ludwig als Dank für den Kaiserbrief von Bismarck erhalten hatte.

Der Palas und das Torhaus Neuschwansteins waren erst 1886 im Außenbau weitgehend fertiggestellt. Ab 1884 konnte Ludwig den Palas erstmals bewohnen. Er lebte bis zu seinem Tod 1886 insgesamt nur 172 Tage im Schloss.

Neuschwanstein sollte Ludwig gewissermaßen als bewohnbare Theaterkulisse dienen. Es war als Freundschaftstempel dem Werk Richard Wagners gewidmet, der es jedoch nie betreten hat. Trotz seiner Größe war das Schloss nie für die Aufnahme eines Hofstaats vorgesehen. Es bot lediglich der Privatwohnung des Königs und Zimmern für die Dienerschaft Raum. Die Hofgebäude dienten weniger Wohn- als vielmehr dekorativen Zwecken.

Neuschwanstein „der Sängersaal", Fotografie Josef Albert 1886

Neuschwanstein „das Schlafzimmer", Fotografie Josef Albert 1886

# Königshaus am Schachen

Ludwig ließ das Schlösschen in der Zeit vom 1869 bis 1872 nach Plänen von Georg Dollmann als Ständerbau im Schweizer Chaletstil aus Holz errichten. Es liegt 1866 m ü. NN. Das Schloss ist über einen Fahrweg – heute als Königsweg bezeichnet – zu erreichen, auf dem sich Ludwig gerne mit Pferdekutsche oder Pferdeschlitten hinauf fahren ließ.

Während die mit Zirbelholz verkleideten Räume im Erdgeschoß relativ schlicht gehalten sind, befindet sich im Obergeschoß das türkische Zimmer, ein Prunksaal im maurischen Stil, den der König nach dem Vorbild türkischer Paläste gestalten ließ. Kostbare, orientalische Pracht entfaltet sich hier: Springbrunnen, edle Teppiche, vergoldete Schnitzereien, Pfauenfedern, prunkvolle Lüster verbreiten eine Atmosphäre von Tausendundeiner Nacht.

Im Königshaus auf dem Schachen verbrachte Ludwig mehrmals seinen Namens- und Geburtstag, den 25. August. Über einen dieser Tage unterhielten sich ein Diener Ludwigs und seine Frau:

Das Königshaus am Schachen

„Hias, ich bin so froh, dass Du wieder da bist. Wenn ihr da in stockdunkler Nacht die Berge hinaufreitet, da kann so leicht was passieren." „Aber gar net, da ist nix dabei. Das Forstamt hat die Wege, die wir reiten, so gut hergerichtet, dass es nur ein Spazierritt ist. Übrigens reitet oder fährt der König nur bei hellem Mondschein, das ist eine Vorliebe beim König. Diemal ist er aber gefahren, er klagte über Schmerzen im Rücken, aber auf den Schachen wollte er trotzdem."

„Wie der da oben eingerichtet ist, da verschlägts einem die Red vor lauter Staunen. Das kann ich Dir gar nicht beschreiben, so eine Pracht."

„Ja, und was hat denn der König oben getan?" „O mei, erst hat er unten gut gegessen und getrunken und dann, so gegen drei Uhr in der Nacht ist er hinauf gegangen, dann hörten wir ihn auf der Veranda laut reden und deklamieren, wie ein Schauspieler." „Dös is aber komisch, schläft er denn gar nicht?" „Er schläft nur am Tag und dann müssen alle Fenster dicht verhüllt sein, dass ja kein Licht reinfällt."

„Und drauf in der Nacht, da wars erst schön." „Ja, was war denn da?" „Denk Dir, da ist nicht weit vom Schachen ein Bergkegel, da haben die Forstarbeiter einen tiefen Schacht ausheben müssen und in den habens lauter

Pech, Feuerwerk, Raketen, Frösche und Leuchtkugeln hineingetan und viel Schwefel. Und in der Nacht hat der König befohlen, alles anzuzünden. Ich sag Dir, dös war ein Spektakel, der Vesuv in Italien unten tät auch nicht besser speien. Jetzt muss ich aber fort, wir wissen noch gar nicht, was er heute Nacht vor hat."

Nächtliche Schlittenfahrt des Königs zum Schachen

# Schloss Linderhof

Schon 1867 hatte der König begonnen, sich mit den Bauten der absolutistischen Könige Frankreichs zu beschäftigen. In diesem Zusammenhang reiften bei Ludwig Ideen, im Graswangtal in der Nähe des alten Königshäuschens, das sein Vater errichtet hatte, ein Schloss nach dem Vorbild von Versailles zu errichten. Das Gelände des engen Tales erwies sich jedoch für den geplanten Schlossbau als zu klein.

Als Alternative trat für Linderhof der Gedanke eines Refugiums analog der von Ludwig XIV errichteten Pavillonanlage von Marly auf.

Nachdem das alte Königshäuschen im Graswangtal umgestaltet war, ließ Ludwig das Gebäude 1870 nach seien Vorstellungen durch den Architekten Georg von Dollmann zunächst durch einen Ostflügel erweitern. Ab Frühjahr 1871 wurde ein gleichstrukturierter Westflügel hinzugefügt und beide Bauten durch einen Verbindungsflügel auf der Nordseite ergänzt. Das Königshäuschen im Süden ließ Ludwig allerdings noch stehen, da er einen hohen emotionalen Bezug zu dem Gebäude hatte.

Schloss Linderhof

Ab Februar 1873 wurde das Schloss mit Steinfassaden in Anlehnung an den Rokokostil umschlossen. Im Folgejahr wurde das Königshäuschen um etwa 200 Meter westlich des Schlosses versetzt und die damit offene Südflanke wurde durch den Südtrakt geschlossen, sodass Linderhof seitdem eine kompakte Schlossanlage bildet.

1876 wurde auch dieser Bereich im Innern vollendet. Trotz der wechselvollen Baugeschichte weist Linderhof einen symmetrischen Grundriss auf. In der nord – südlich verlaufenden mittleren Achse befinden sich die größten Räume des Schlosses – das Schlafzimmer im Norden und der Spiegelsaal im Süden – die seitlichen Trakte beherbergen die kleineren Salons und Kabinette Alle Räume sind überreich im Stil des Neorokoko ausgestattet, kaum eine Wand- oder Deckenfläche ist ohne Dekoration. Das Speisezimmer ist mit einem Tischleindeckdich ausgestattet, das heißt, dass der Tisch des Esszimmers durch eine Mechanik nach unten in die Küche gelassen werden konnte. Dort wurde gedeckt und wieder nach oben gefahren, sodass der König ohne die Anwesenheit seiner Diener speisen konnte.

Mit dem Bau des Schlossgartens wurde 1874 Carl von Effner beauftragt. Die Anlage vermischt verschiedene Gartenformen. Um das Schloß ist ein formaler Garten angelegt, der Anleihen aus Barock und Rokokogärten in sich vereint. Der anschließende großflächige Park folgt den Vorbildern englischer Landschaftsgärten.

Der gesamte Schlosspark ist mit zahlreichen Zierbauten, einem Venustempel, einem Neptunbrunnen und exotischen Parkbauten, wie dem Maurischen Kiosk versehen. Ein besonderes Bauwerk ist die künstliche Venusgrotte, die Bezug auf Richard Wagners Tannhäuser nimmt.

Schloss Linderhof „das östliche
Gobelinzimmer", Fotografie um 1900

# Schloss Herrenchiemsee

Ein Konsortium württembergischer Holzhändler erwarb im Frühjar 1873 die Herreninsel. Sie strebten eine Abholzung des kompletten Baumbestandes an. Es erhob sich eine bittere Klage bei der Bevölkerung, wodurch König Ludwig auf die Herreninsel aufmerksam wurde. Um die Abholzung zu verhindern, erwarb er im gleichen Jahr die Herreninsel für 350.000 Gulden.

Wenn der König mit dem Ankauf zunächst nur die Vernichtung der herrlichen Waldbestände hatte verhindern wollen, so reifte doch später, als seine Absicht, sein „Versailles" in Linderhof zu errichten, aus Platzgründen nicht realisierbar war, in ihm der Entschluß, es auf der Herreninsel entstehen zu lassen.

Obwohl ihm die flache Seenlandschaft des Chiemsees weniger zusagte, als die Bergwelt des Wettersteingebirges, erschien ihm die Insel aufgrund ihrer Größe und relativen Abgeschiedenheit als idealer Standort für die Wiederaufnahme des Bauprojektes.

Ein Inselversailles sollte es werden, aber prächtiger als sein französisches Vorbild. Der Sonnenkönig Ludwig XIV, der Erbauer des Versailler Schlosses, war ja das große Idol des bayerischen Königs. So wie die „Ritterburg" Neuschwanstein eine Reminiszenz an die Welt des Mittelalters und die Werke Richard Wagners darstellte, war das Neue Schloss Herrenchiemsee als Denkmal für die französischen Bourbonenkönige gedacht. Beide Schlösser standen im Verständnis des Königs symbolisch für das von ihm verklärte Gottesgnadentum.

Ähnlich wie Neuschwanstein sollte auch Schloss Herrenchiemsee weder als Regierungssitz dienen, noch eine Hofstaat aufnehmen. Es war trotz seiner Größe lediglich als private Residenz des Königs geplant, der sich zumeist nur von wenigen Bediensteten versorgen ließ.

Der kgl. Hofbaudirektor von Dollmann wurde beauftragt, die Pläne auszuarbeiten.

1878 begann man mit der Ausschachtung des Baugrundes, dem umfangreiche, schwierige Fundierungsarbeiten folgen mussten, wenn der Sumpfboden die gewaltigen Mauermassen tragen sollte.

Am Weg von Prien nach Stock entstand eine Arbeitersiedlung, galt es doch, das größtenteils vom Festland herbeigeschaffte Baumaterial mit Schleppdampfern und Kähnen über den See zu bringen. Der König trieb unausgesetzt. In Tag- und Nachtschichten, bei Fackellicht oder bei Mondschein wurde von dreihundert Arbeitern geschafft, was nur irgend möglich war.

Am 21. Mai 1878 wurde der Grundstein gelegt und bereits im Jahre 1879 konnte ein Teil der Hauptfront unter Dach gebracht und mit der inneren Ausstattung einiger Gemächer begonnen werden. Um die Arbeiten zu verfolgen, verbrachte der König ab 1881 bis 1885 jeweils im Herbst einige Tage auf Herrenchiemsee. Er wohnte dann im Prälatenstock der alten Abtei, die man für ihn hergerichtet hatte. Im Erdgeschoß die Reste der Klosterbücherei, im ersten Stock ein getäfelter Saal, der als Speisesaal benutzt wurde, im zweiten Stock die vom König benutzten Gemächer mit einer Büste der Königin Marie Antoinette. Aus den Fenstern konnte der König zu seinen Schloß, das immer mehr Gestalt annahm, hinüberschauen.

Für die Innenräume des Schlosses war von vornherein nur der Ausbau der königlichen Wohn- und Repräsentationsräume vorgesehen, der bis 1885 weitgehend abgeschlossen war. Für die weiteren Räume existierte kein Nutzungskonzept und so verblieben sie

Schloss Herrenchiemsee

zum Teil bis in die Gegenwart im Rohbauzustand.

Die Paraderäume des Schlosses befinden sich entlang des auf den Garten ausgerichteten Haupttrakts sowie an der West- und Südseite des Hofs. Sie bilden das Herzstück Herrenchiemsees.

Für die Gestaltung des Schlossparks wurde der königliche Hofgärtner Carl von Effner, ein Schüler des Gartenarchitekten Joseph Lenne, verpflichtet. Er legte die ersten Entwürfe bereits 1875 vor. Wie das Schloss, waren auch die Gartenanlagen zwar als Zitat, aber nicht als genaue Kopie des Versailler Vorbildes gedacht.

Die Arbeiten an den Gartenanlagen begannen mit dem Bau des Schlosses. Der Aushub des Schlosskellers diente zur Einebnung des Geländes des Wasserparterres. Für die Versorgung der Wasserspiele wurde ein eigenes Pumpwerk errichtet. Die eigentliche Gartenanlage nahm erst im Jahre 1881 Gestalt an.

Die Bauarbeiten an Herrenchiemsee kamen ab 1886 aufgrund der Finanzierungsschwierigkeiten weitgehend zum Erliegen. Zu jener Zeit war erst der dreiflügelige Hauptbau vollendet. Schloß und Garten sind in ihrem heutigen Umfang nur ein Torso, allerdings ein wunderschöner. Auch die weiteren Pläne Ludwigs, wie z.B. die Gralsburg Falkenstein, fielen dem Rotstift zum Opfer.

Schloss Herrenchiemsee „die Gesandtentreppe",
Fotografie um 1900

# Die letzten Jahre

Nach der Wahnsinnserklärung seines Bruders Otto im Jahre 1875 zog sich Ludwig zunehmend aus der Öffentlichkeit zurück, widmete sich jedoch noch intensiv dem Bau seiner Schlösser.

1874 ging er das letzte Mal in der Münchner Fronleichnamsprozession mit. Seine Fahrt zur Generalprobe der Bayreuther Festspiele 1876 wurde sein halbwegs letzter öffentlicher Auftritt. Kennzeichnend für diese Jahre sind einige Episoden:

Die ungeliebte Residenz

Der König stand am offenen Erkerfenster des ersten Stocks in Schloss Berg. Ein Gedanke bewegte ihn lebhaft, er musste nun doch in die Residenz. Viermal hatte er schon die Fahrt nach München verschoben. Nun ging es nicht mehr.

Es war nahezu Mitternacht, als der König am Schloss in den Wagen stieg. In Mühltal stand der Extrazug längst abfahrbereit. Der König, inzwischen angekommen, dankte dem Bahnvorstand und stieg in den geheizten

Salonwagen. Nach einigen Kilometern befahl er zu halten. Der herrliche Mondschein hatte ihn auf die Idee gebracht, die Fahrt auf der Lokomotive fortzusetzen. Der Kammerdiener geleitete ihn zur Lokomotive und mit den Worten an den Lokomotivführer: „Sie werden schon ein bisschen Platz für mich haben" bestieg Ludwig diese. Er befahl, das Fahrtempo zu mäßigen, um die im hellen Mondlicht liegende Landschaft zu bewundern. Nach Ende der Fahrt bestieg er in Laim den wartenden Wagen, der ihn in die Residenz brachte.

Am Tag der Hoftafel war Ludwig schon morgens höchst ungnädig bei der Toilette. Der Diener atmete tief durch. Er wusste nur zu gut, wie zuwider dem König diese offiziellen Tafeln waren, an denen er nicht fehlen durfte. Der König stürzte schnell einige Gläser Champagner hinunter und wandte sich zum Diener:" Und nun Maier, vorwärts, es wird Zeit zu gehen." Den Säbelgurt zurecht rückend, betrat er den Prunksaal, wo sich seine Verwandtschaft schon versammelt hatte. Der König begrüßte seine Mutter und reichte dem Prinzen Luitpold die Hand, dann wandte er sich hastig zur Prinzessin Gisela und erkundigte sich nach dem Befinden ihrer Mutter, der Kaiserin Elisabeth von Österreich. Erst hierauf trat er zu den anderen hohen Anwesenden. Dann reichte er der Königinmutter den Arm und schritt mit ihr, während sich die anderen hohen Gäste anschlossen, zum großen Saal, wo bereits die Hofgesellschaft wartete.

Je mehr die Tafel ihrem Ende zuging, desto unruhiger wurde Ludwig und so glaubte die Königinmutter, seinem Wunsche entgegenzukommen, als sie die Tafel aufhob. Der König atmete erleichtert auf und warf seiner Mutter einen dankbaren Blick zu. Er reichte ihr den Arm, um sie in ihre Gemächer zu geleiten.

Dann eilte er in sein Appartement zurück, um schnell die ungeliebte Uniform mit dem Zivilanzug zu vertauschen. Zum Diener: „Maier, das wär wieder mal vorbei, ich fahr heut noch nach Berg zurück."

## Im Gespräch mit Sissi

25 Jahre lang logierte Sissi jeden Sommer mit großem Gefolge und Pferden im Gasthof Strauch, wie das heutige Hotel Kaiserin Elisabeth damals hieß.

Bei einem dieser Besuche traf Ludwig sie auf der Roseninsel. Er beugte sich vor ihr, ergriff ihre Hände und bedeckte sie mit Küssen, bis sie ihm diese sanft entzog. „Ludwig, Freund, Du säumtest lange!" „Verzeih, doch Widerwärtigkeiten hemmten meinen Flug zu Dir, meine Teure!" „Hat man Dir wieder weh getan? Wollen sie Dich noch immer nicht verstehen? Können sie noch immer nicht verstehen, dass es für einen König auch

Roseninsel vom Feldafinger Park, Fotografie Reinraum

andere Wege geben darf, als die ihm vorgezeichneten?"

„Elisabeth, ich schere mich nicht um sie. Aber es tut mir doch weh, dass sie mich so verkennen, wo ich doch das Beste für sie will."

„Spare es Dir, verachte sie, wie ich es tue! Durch dieses Meer der Leiden bin ich auch gegangen. (Bekanntlich hatte die junge Kaiserin Probleme mit der strengen Etikette am Habsburger Hof und mit ihrer Schwiegermutter. Sie ließ sich aber nicht verbiegen.) Handle wie ich, schaffe Dir selbst eine Welt, die Dich glücklich macht."

„Ich kann es nicht, meine Pflichten als König darf ich nicht vergessen. Aber sobald meine Schlösser vollendet sind, dann sind sie das Eiland, auf das ich mich flüchten, wo ich mich bergen kann."

## Das erste dinner for one, mit Ludwig XVI und Marie Antoinette

Der König war allein. Eine Weile saß er still, gleich, als ob er nach etwas horche. Dann erhob er sich schnell, ging einige Schritte vor und verbeugte sich nach rechts und links, als wenn er soeben eingetroffene Gäste begrüßen wollte.

Dann ließ er sich nieder. Auf seinen Zügen stand ein verbindliches Lächeln. „Ich bin hoch erfreut, Euere Majestäten bei mir zu sehen. Sie weilten länger im Park. Ja, der Abend war wunderschön. So, Euer Majestät gefällt das Bukett? Ja, die Natur ist bewundernwert nachgeahmt."

Unausgesetzt plauderte der König mit den Gestalten, deren Zugegensein ihm seine überreizte Phantasie vortäuschte. Er neigte den Weinkelch gegen sie, stieß in der Luft mit ihnen an und füllte die Gläser, ohne zu merken, dass der Inhalt überlief. Dabei unterließ er es nicht, hastig von allen Platten zu kosten.

Dann schlug er an eine vor ihm stehende Glocke. Sogleich sank der Tisch in die Tiefe, um in kurzer Zeit für seine Gäste neu gedeckt, wieder empor zu steigen.

## Der König in der Grotte

Der König zu seinem Stallmeister. „Richard, ich gehe zur Grotte, zwei Diener sollen mit Windlichtern vorangehen." Dann stand der König vor der Grotte, die Diener verschwanden lautlos.

Er trat an die Felswand und pochte. Da wich die Wand wie auf ein Zauberwort. Ein mächtiges Felsgewölbe baute sich auf, von phantastischen Tropfsteingebilden gestützt. Von der Decke wuchsen wunderlich gezackte Stalaktiten herab und spiegelten in einem blauschimmernden See. In der Tiefe der Grotte leuchtete ein farbenreiches Bild: der Zauber des Tannhäuserbildes glomm auf. Ein weiterer Diener musste ihn durch die Grotte rudern.

Schwäne eilten flügelschlagend herbei, als sie den König erblickten. Aus einer Schale nahm der König kleingeschnittenes Brot und fütterte seine Lieblinge, die sich ohne Scheu von ihm streicheln ließen und wieder auf den See hinausschwammen, als die Schale geleert war.

Bekanntlich liebte Ludwig Schwäne und trat gelegentlich auch gerne als Schwanenritter auf.

Der König in der Grotte in Linderhof

Der König als Schwanenritter

# Freundschaft mit Kainz

Der König war auf allen Gebieten der Literatur zuhause. Vor allem seine Vorliebe für Klassiker war bekannt. Schiller und Goethe waren seine Ideale und er kannte aus Tell fast alle Zeilen auswendig.

Zu den wenigen Gestalten, die im Leben Ludwigs -natürlich außer Richard Wagner - eine Rolle spielten, gehörte der bekannte Schauspieler Josef Kainz. Von der Münchner Hofintendanz eingeladen, wusste er so zu gefallen, dass man ihn engagierte. Von da an begann der Aufstieg des jungen Künstlers, der vor allem durch sein wunderbares Sprachorgan, das alle Register menschlichen Empfindens zu ziehen vermochte, sich die Gunst des Publikums erspielte.

In der Separatvorstellung am 30. April 1881 sah der König den Schauspieler zum ersten Mal. Er hatte in dem von ihm befohlenen Drama Victor Hugos „Marion Delorme" die Rolle des Didier gespielt.

Der König war von seinem Spiel so begeistert, dass er noch zweimal eine Wiederholung anordnete.

Josef Kainz

Von der Kunst des Schauspielers im Innersten gepackt, lud er Kainz ein, nach Linderhof zu kommen, dem von Bergen umsäumten Idyll.

Kainz reiste mit Bangen an und berichtet darüber: „ Ich trat in den Park hinunter. In diesem Augenblick erschien auf der Veranda die majestätische Gestalt des Königs. Er warf mit der ihm eigenen Nackenwewegung den Kopf hoch. „Didier, Didier, tausendmal willkommen." Er schritt die Portalstufen hinab und kam mir mit ausgestreckter Hand entgegen."

So vergingen für den kunstbegeisterten König herrlich verlebte Tage. Kainz deklamierte und rezitierte ihm täglich, wonach er Verlangen trug.

Im Juni hatte der König Kainz eine Schweizreise angeboten, sozusagen auf den Spuren Wilhelm Tells. Kainz nahm das Angebot gerne an, doch noch während der Reise zerbrach die Freundschaft der Beiden.

# Geldprobleme

Ludwig II war gewohnt, nur anzuschaffen und alles geschah. Ob das Angeschaffte mit dem verfügbaren Geld geleistet werden konnte, darüber wurde er nie aufgeklärt. Niemand machte ihn aufmerksam, dass er sich mit diesem oder jenen Bau übernehmen könnte und er wähnte, dass sein Geldborn unversiegbar wäre.

In den ersten Jahren, so lange er sich noch nicht in die Bautätigkeit gestürzt hatte, kam er sehr gut aus. Die Wagen und Schlitten und die vielen prächtigen Geschenke – er hatte bekanntlich eine offene Hand – verschlangen zwar große Summen, taten der königlichen Kasse aber nicht weh. Da er unverheiratet war, hatte er keinen Aufwand für kostspielige Hofhaltung und Reisen.

Als die Prachtbauten entstanden, konnten Einnahmen und Ausgaben nicht mehr Schritt halten. Die Bauprojekte Ludwigs verursachten in der sogenannten Kabinettskasse erhebliche Defizite. 1884 hatte er 7,5 Millionen Gulden Schulden. Schulden, die durch Anleihen gedeckt werden mussten. Dem Finanzminister Dr. von Riedel gelang es und das Bauen konnte erstmal weitergehen. Aber bald waren neue Schulden vorhanden und Minister Riedel erhielt am 29. August 1885 ein Handschreiben Ludwigs:

„Mein lieber Finanzminister! Mein königlicher Wille ist es, dass die von mir unternommenen Bauten angemessene Fortsetzung und Vollendung finden. Dieses Vorgehen erleidet aber eine wesentliche Hemmung infolge des ungünstigen Standes der königlichen Kabinettskasse. Ich beauftrage Sie, die nötigen Schritte zur Regelung der Finanzen zu tun."

Da erklärte Riedel dem König offen, in welcher äusserst schwierigen Lage die Kabinettskasse sich befände.

In seiner Not wandte sich Luwig an Bismarck, der ihm eiskalt zurückschrieb:

„Allerdurchlauchtigster König, Allergnädigster Herr!

Aus dem huldvollen Schreiben vom 6.ds.Mts. habe ich mit tiefer Betrübnis die Schwierigkeiten ersehen, denen gegenüber Euer Majestät meine Mitwirkung in Anspruch nehmen. Ich bin den Möglichkeiten, welche sich hier zur Erfüllung der allerhöchsten Wünsche bieten, ohne Verzug näher getreten und fand die hießigen Finanzkreise mit der Situation bekannt. Nach ihren Angaben,beläuft sich das augenblickliche Bedürfnis auf 6 Millionen Mark und würde bei Anschaffung dieser Summe möglich sein, aber nur gegen Sicherheiten und Verzicht auf weitere Bauten, um die Rückzahlung nicht zu gefährden. Da ein solcher Verzicht auf die Fortsetzung weiterer Bauten nicht in Euerer Majestät Intentionen liegt, so habe ich weder in den Kreisen der Geldmänner noch im Hausministerium seiner Majestät des Kaisers eine Aussicht gewinnen können, die nötige Summe aufzubringen."

Als nun die Schulden auf 15 Millionen gestiegen waren, hatte das Gesamtministerium an den König das folgende Schreiben gerichtet:

„Die Lage der Kabinettkasse Euer Majestät ist eine furchtbar ernste und die größte Eile tut Not, wenn nicht alles unrettbar verloren sein soll. In wenigen Tagen wird bei Gericht über einige gegen die Kabinettskasse erhobene Klagen verhandelt werden. Es müsste mit Wunderdingen zugehen, wenn nicht in wenigen Tagen oder Wochen die Konkurseröffnung erfolgen sollte. Dies hätte aber öffentliche Ausschreibung und den Gerichtsvollzieher zur Folge. Welch gewaltige Wirkung würde nun erst die Eröffnung einer solchen Maßnahme gegen die Kabinettskasse haben.

Die treugehorsamst Unterzeichneten dürfen es nicht unterlassen, auszusprechen, was ihnen den größten Schmerz bereitet: Wenn der Konkurs ausbricht, könnten Euer Majestät sich vor die Frage gestellt sehen, ob

Allerhöchst noch die Zügel der Regierung in der Hand behalten können."

# Entmündigung

Nun war es so weit. Demnach wurde Ludwig II am 8. Juni 1886 auf Betreiben der Regierung durch die Ärzte Bernhard von Gudden, Friedrich Wilhelm Hagen, Hubert von Grashey und Max Hubrich in einem Gutachten aufgrund von Zeugenaussagen und ohne persönliche Untersuchung des Patienten für seelengestört und unheilbar erklärt. Ludwigs langjähriger Leibarzt Max Joseph Schleiß von Löwenfeld wurde nicht gehört.

Am 9, Juni 1886 wurde Ludwig durch die Regierung entmündigt. Ein dafür vorgezeigter direkter Weg über die Regierungsunfähigkeit eines Monarchen ist in der bayerischen Verfassung für den Fall angezeigt, dass letzterer für längere Zeit an der Ausbung der Regierung behindert sei. Aufgrund dieser Bestimmung sollte die Regentschaft, da der einzige Bruder des Königs ausgeschaltet war, an den Prinzen Luitpold, den noch lebenden Bruder des Königs Maximilien II übergehen.

Wir entnehmen den Erinnerungen des Assistenzarztes Dr. Müller:

..kam Gudden zu mir und sagte: „In den nächsten Tagen wird die Regentschaft eingesetzt. Wir fahren nach Neuschwanstein und erklären dies dem König, dann fahren wir mit dem König nach Linderhof, wo er behandelt wird. Sie gehen mit mir und übernehmen die Behandlung in Linderhof. Treffen Sie die nötigen Verbereitungen für eine Reise von 14 Tagen."

Schon am Nachmittag des 9. Juni, einen Tag vor der Regentschaftsübernahme und der Proklamation des Prinzen Luitpold, sollte sich eine Staatskommission unter Führung des Ministers von Crailsheim nach Neuschwanstein begeben, um den König einen eigenhändigen Brief des Prinzregenten zu überbringen und ihn in schonender Weise über die Notwendigkeit einer ärztlichen Behandlung zu verständigen. Als Hauptperson befand sich in der Kommission natürlich Obermedizinalrat Dr. Gudden mit seinem Assistenzarzt Dr. Müller und dem nötigen Pflegepersonal.

Die Herren hatte ein Extrazug bis Bissenhofen, von hier ein Hofwagen nach Hohenschwangau gebracht, wo man um Mitternacht ankam. Die Deputation beschloss, gegen 3 Uhr früh aufzubrechen und in voller Uniform sich auf dem Wege nach Neuschwanstein zum König zu begeben. Sie hatten alles bis ins Kleinste vorbereitet, aber es kam anders.

In Neuschwanstein angekommen, fanden sie den Eingang von Dienern und Gendarmen besetzt. Als sie Einlass aufgrund ihrer Vollmacht forderten, wurden sie zurückgewiesen. Die Braven ließen sich auf keine Verhandlung ein. „Wir brauchen nichts Schriftliches! Wir kennen nur den Befehl und der kommt von seiner Majestät."

Die Kommissiom musste sich schließlich unverrichteter Dinge nach Hohenschwangau zurückziehen.

Die Dienerschaft hatte inzwischen den König informiert:

„ Majestät, ich sah zwei Hofwagen vorüberfahren dem alten Schloss zu. In der Dunkelheit konnte ich die Gesichter nicht sehen, nur bemerkte ich, dass mehrere Uniformen hatten und einer ganz in Rot gekleidet war."

Zornesfalten umwölkten die Stirn des Königs. Sein Entschluss war gefasst. „Schnell die Eingänge besetzen. Keiner dieser Herren betritt Neuschwanstein. Fort mit diesem Geschmeiß. Alle Diener zusammenrufen, sie sollen meine treuen Bauern holen, die werden mich schützen."

Binnen kurzem wimmelte es um das Schloss von bewaffneten Bauern aus Hohenschwangau. Der Zorn des Königs war inzwischen zur Wut angewachsen, als er erfuhr, dass auch Graf Holstein, der Freund seiner Jugend, sich bei der Kommission befand. Er ließ den aus Füssen herbeigeeilten Amtmann Sonntag zu sich kommen und befahl, die Mitglieder dieser Kommission gefangen zu nehmen.

Der Befehl wurde sofort ausgeführt. Sonntag erschien in Hohenschwangau und erklärte die Herren im Allerhöchsten Auftrag als Gefangene. Unter starker Begleitung wurden sie nach Neuschwanstein geführt. Der Hofplatz war überfüllt und hunderte von Männern und Frauen drohten ihnen mit lauter Stimme. Am bedenklichsten war die Situation für Dr. Gudden. Sie stürmten auf ihn los und drohten, ihn in den nahen Pöllatfall zu werfen. Man brachte die Gefangenen im Torbau unter.

Der König hatte sich inzwischen wieder beruhigt und glaubte, ob der Treue seiner Bauern, großmütig handeln zu dürfen und gab Auftrag, die Gefangenen wieder zu entlassen.

Von der Kommission, die im Volksmund rasch als Fangkommission bezeichnet wurde, war der Legationsrat

Rumpler der Verhaftung entgangen, weil die Bauern ihn wegen seines roten Rocks für ein Mitglied der in Füssen gastierenden Gauklergruppe hielten. So kam es, dass Rumpler telegrafische Nachricht über die Vorkommnisse nach München senden konnte, wo sofort Gegenmaßnahmen getroffen wurden. Die Gendarmen der Umgebung wurden durch Polizei aus München abgelöst und das Schloss besetzt.

Ludwigs Onkel Luitpold übernahm durch Proklamation am 10. Juni als Prinzregent die Regierungsverantwortung. Gleichzeitig wurde folgender Armeebefehl veröffentlicht:

„Ich mache der Armee hierdurch bekannt, dass Seine Majestät der König durch schwere Erkrankung abgehalten ist, sich den Regierungsgeschäften Allerhöchstselbst zu widmen. In Folge dessen habe ich – bei der dauernden Verhinderung Seiner Königlichen Hoheit des Prinzen Otto – als der dem Thron am nächsten stehende Agnat die Regentschaft übernommen, um die Regierung im Namen seiner Majestät des Königs zu führen.

Luitpold, Prinz von Bayern"

Am 11. Juni 1886 kam eine neue Kommission nach Neuschwanstein.

# Gefangennahme

Die neue Kommission bestand aus dem Arzt Dr. Gudden, dessen Assistenzarzt Dr. Müller und vier Pflegern samt einigen Regierungsmitgliedern. Sie befanden sich bereits im Schloß und warteten auf den Zeitpunkt, wo ihnen der Kammerdiener Maier den König zuführen würde.

Dann hörten sie schwere Schritte und plötzlich erschien in der Tür der König.

So überraschend war sein plötzliches Erscheinen, dass sie scheu zur Seite wichen. Der König erfasste blitzschnell die Situation. „Ach" entfuhr es seinem Munde. Die Häscher waren da. Er konnte ihnen nimmer entrinnen. Seine Hoffnung, ihnen durch Flucht zu entkommen war zu Schanden geworden.

Der erste, der sich fasste, war Gudden. „Majestät!" begann er stockend, "es ist die traurigste Aufgabe meines Lebens, die ich übernommen habe. Majestät sind krank und auf dieses Gutachten hin, hat der Verfassung gemäß, Prinz Luitpold die Regentschaft übernommen. Ich habe den Befehl, Majestät nach Schloss Berg zu begleiten. Und zwar noch in dieser Nacht wird der Wagen um 4 Uhr vorfahren."

Endlich rückte die Stunde heran. Langsam, fast schleppend, schritt der König die Treppe hinab zum Hof, wo mehrere Wagen bereitstanden. Gudden geleitete den König zum zweiten Wagen, wo er allein Platz nahm. Im ersten Wagen fuhren Dr. Müller und zwei Krankenwärter. Dicht hinter dem zweiten Wagen ritt ein Mann, der den Befehl hatte, den König scharf zu beobachten. Gudden und mehrere Wärter bildeten den Schluss des traurigen Zuges.

Gegen die Mittagsstunde trafen die Wagen in Berg ein. Als der König die ihm so vertrauten Gemächer betrat und er die Türen ohne Klinken, die Gucklöcher und die vergitterten Fenster bemerkte, fiel er aus seiner Ruhe.

„Wozu das alles? Bin ich ein Gefangener, will man mich, einem Sträfling gleich, jederzeit beobachten?" Dazu ein Pfleger: „Majestät können völlig beruhigt sein, man wird sie nicht belästigen und wenn, dann nur auf einen Augenblick, um sich von Euer Majestät Wohlbefinden zu überzeugen."

Schloss Berg, Fotografie Josef Albert 1886

## Der Tod im Starnberger See und Beerdigung

Zahlreiche Gerüchte, die unter anderem einen Flucht-versuch des Königs in Erwägung ziehen, ranken sich um seinen Tod.

Am Pfingstsonntag des Jahres 1886 durfte der König zwar nicht zur Messe, aber Gudden unternahm mit ihm einen Spaziergang im Schlosspark. Der König schritt Gudden zur Seite. Sie nahmen auf einer Bank Platz, die einen freien Ausblick auf den See gewährte, links und rechts zog sich dichtes Gebüsch hin. „Ach, sehen Sie lieber Gudden, sehen Sie nur die vielen Möwen," sagte der König, "schade, dass wir kein Brot hier haben, die Tierchen näher her zu locken."  Gudden wandte sich um. Indessen glaubte der König, eine Hand im Gebüsch gesehen zu haben, die erst fünf und dann zwei Finger hob, was ihn in seinen Fluchtplänen verstärkte.

„Ich sehe keinen meiner Leute", sagte Gudden, „aber wenn Majestät wünschen..." Der König, zufrieden mit seiner Beobachtung, schlug vor, ins Schloss zurückzugehen und schlug einen zweiten Spaziergang am Abend vor.

Kurz vor 18.00 Uhr erinnerte der König Gudden an den zweiten Spaziergang, zu dem beide mit der Mitteilung Guddens aufbrachen, um 20.00 Uhr zum Souper zurück sein zu wollen. Als sie der Bank vom Morgen näher kamen, rief der König: "Mein lieber Gudden, haben Sie dort drüben in den Büschen nicht Gestalten gesehen?" Als Gudden sich umschaute, warf der König den Schirm weg und eilte zum Wasser. Er, der ein hervorragender Schwimmer war, hoffte schwimmend zu fliehen. Auch ging später das Gerücht, dass in der Nähe Fischerkähne auf ihn warteten.

Gudden merkte sofort, was der König vorhatte, er sprang ihm nach und der König spürte den festen Griff Guddens an seinem Rockkragen. Der König riß sich los und stürmte weiter. „Majestät, was tun Sie?" Schrie Gudden. Ein Faustschlag war die Antwort. Gudden klammerte sich an den König, als sein Griff plötzlich erlahmte. War er ohnmächtig geworden?

„Frei, frei" jauchzte Ludwig, als er plötzlich taumelte und nach dem Herzen griff. „E – li –sa – „ gurgelte er und dann verlosch sein in die Ferne gerichteter Blick.

Als beide um 20,00 Uhr nicht zurück waren, wurde zunächst vermutet, sie hätten Unterschlupf vor dem Regen gesucht. Es wurden erst einzelne Gendarmen ausgeschickt. Dann machten sich alle verfügbaren Männer mit Lampen und Fackeln auf die Suche. Gegen 22.00 Uhr fand man den Überrock des Königs im Wasser, eine halbe Stunde später fand man den König und Gudden, maximal 25 Schritte vom Ufer entfernt, im seichten Wasser. Gefunden hatten die beiden der Schiffer Lidl, der Assistenzarzt Dr. Müller und der Schlossverwalter Huber, die von einem Ruderboot aus suchten.

Dr. Müller: „ich machte zunächst Wiederbelebungsversuche, resultatlos. Ich musste den Tod des Königs und seines Arztes konstatieren. Guddens Leiche wurde in halb stehender, halb sitzender Stellung mit überhängenden Kopf gefunden, eine Stellung, die auf einen Schlaganfall hinweist. Beide müssen miteinander gerungen haben, denn auch der König scheint aufgrund der hochgradigen Erregung einem Infarkt erlegen zu sein."

Am Pfingstsonntag, dem 14 Juni 1886 wurde in Schloss Berg der Leichnam Ludwigs ausgesegnet. Am 15. Juni traf der Wagen mit dem Sarg in der Münchner Residenz ein. Nach der pathologischen Untersuchung des toten Königs durch 13 Ärzte wurde die Einbalsamierung vergenommen und der Leichnam danach drei Tage in der

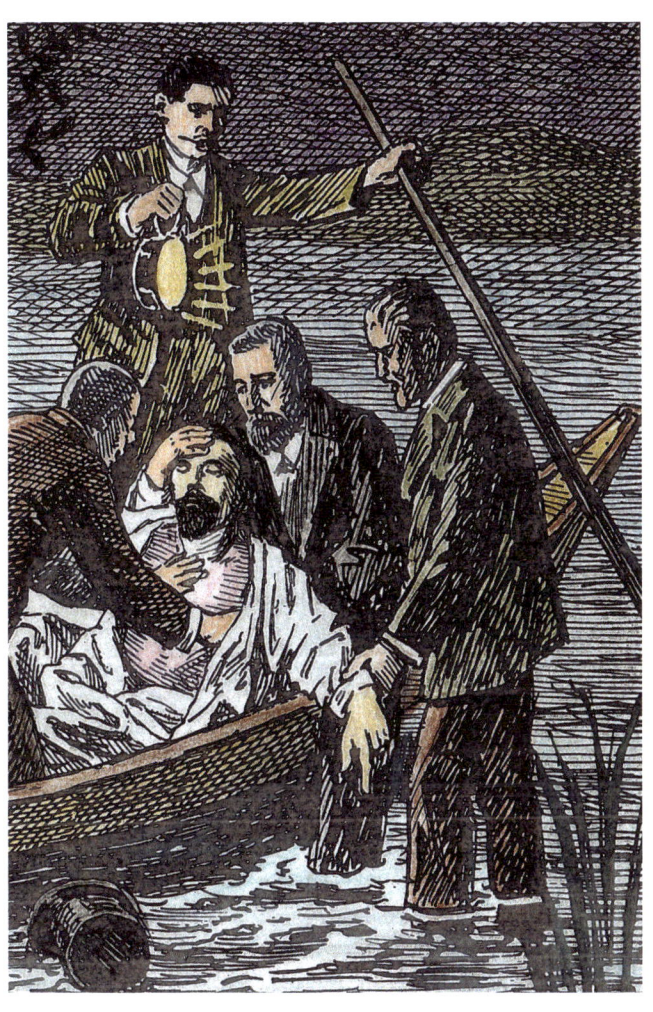

Auffindung der Leiche Ludwigs

Hofkapelle aufgebahrt.

Seit früher Morgenstunde umlagerten Menschenmassen die Tore der Residenz, um Einlaß in die kleine Kapelle zu finden, wo der tote König gebettet lag. Überwältigt von seinem grausamen Geschick, wollten sie ihn, den sie so selten gesehen und doch so geliebt hatten, ein letztes Mal sehen, um Abschied zu nehmen. Es waren Männer und Frauen aller Altersklassen und Stände, die in scheuer Ehrfurcht am Grab vorüber zogen.

Am 19. Juni 1886 wurde Ludwig nach einem Leichenzug durch München in der Gruft der Michaelskirche beigesetzt.

# Würdigung

Ludwig wurde streng und pflichtbetont erzogen. Die Eltern hielten Distanz. Schon in seiner Jugend in Hohenschwangau kam Ludwig mit der Sagenwelt des Mittelalters in Berührung. Die Lehrer, vor allem Generalmajor Basselet, förderten durch die Erziehung zum Absolutismus Ludwigs Hang zur Selbstverherrlichung. Diese Beziehung zum Königshaus der Bourbonen blieb für Ludwig zeitlebends bedeutsam.

Ludwig war durchdrungen von der Idee des heiligen Königstums von Gottes Gnaden. In der Realität war er aber ein konstitutioneller Monarch mit geringen Spielräumen.

Eine Realität, mit der er auch bei der Reichsgründung konfrontiert wurde. Im Herzen war Ludwig dagegen, wie seine spätere strikte Weigerung, zur Kaiserkrönung nach Versailles zu fahren, belegt. Dennoch hat er schliesslich nachgegeben und den Kaiserbrief geschrieben. Damit hat er letztlich dazu beigetragen, dass sein geliebtes Bayern seine Selbständigkeit verlor. Gegen den ausgefuchsten Diplomaten Bismarck hatte der junge 24 – jährige Monarch wohl wenig Chancen.

Aber er hat sicher später darunter gelitten, denn nach der Kaiserkrönung soll er gesagt haben: „Aber unsere Gedanken und unsere Sprache können sie uns nicht nehmen".

So zog er sich mehr und mehr in seine Traumwelten zurück und forcierte – mit großem finanziellen Aufwand – den Bau seiner Schlösser, um sich eine Gegenwelt zu schaffen, wo er sich fern aller Realität, als wahrer König fühlen konnte.

Ähnlich motiviert war von Anfang an sein Engagement für das Theater und die Oper. Dies drückte sich vor allem in seiner Förderung Richard Wagners aus und der Einrichtung der Festspiele im Bayreuther Festspielhaus. Damit nahm er bedeutenden Einfluss auf die kulturelle Entwicklung Deutschlands im späten 19. Jahrhundert. Die Künstler dankten ihm das schon zu Lebzeiten. Anton Bruckner etwa widmete ihm 1883 seine 7. Symphonie.

Leute, die dem König nahe standen, bezeichneten ihn als einen edelmütigen, vornehmen und kunstbegeisterten Fürsten. Der Dichter Paul Verlaine nannte Ludwig den einzigen wahren Monarchen des Jahrhunderts.

# Verzeichnis der Abbildungen